SONSUZA KADAR BİRLİKTE

Yalnız olmak istemeyen
sihirbazın hikâyesi

Michael Laitman

SONSUZA KADAR BİRLİKTE

Yalnız olmak istemeyen sihirbazın hikâyesi

Çizimler: Tzezar Orshanski
Düzen: Rami Yaniv
Çeviri: Chaim Ratz
Editörler: Debbie Sirt, Tony Kosinec, Susan Morales Kosinec
Kopya Editörü: Claire Gerus
Yayım ve Post - Prodüksiyon: Uri Laitman
Genel Yayın Yönetmeni: Chaim Ratz

ISBN: 978-1-77228-084-5
© Laitman Kabbalah Publishers

YAZAR : **Kabalist Dr. Michael Laitman**
ÇEVİRİ: Laitman Kabbalah Publishers

www.kabala.info.tr
Kapak: Laitman Kabbalah Publishers
Basım Tarihi: 2023

Neden yaşlı insanların en iyi efsane anlatıcıları olduklarını biliyor musunuz?

Çünkü efsane, yeryüzündeki en akıllıca şeydir! Dünyadaki her şey değişir, ama gerçek efsaneler her zaman kalır.

Efsaneler, o kadar bilgelikle doludur ki, bir kişinin onları anlatması için, diğer insanların farkına varmadığı şeyleri görmesi gerekir. O kadar bilgeliği kazanmak ise, uzun, çok uzun zaman alır. Bu yüzden, yaşlı insanlar çoğunlukla, efsaneleri herkesten daha iyi anlatırlar!

En yüce, en eski sihirli kitap, Zohar Kitabı'nda yazıldığı gibi "Yaşlı bir kişi, bilgelik kazanmış olandır."

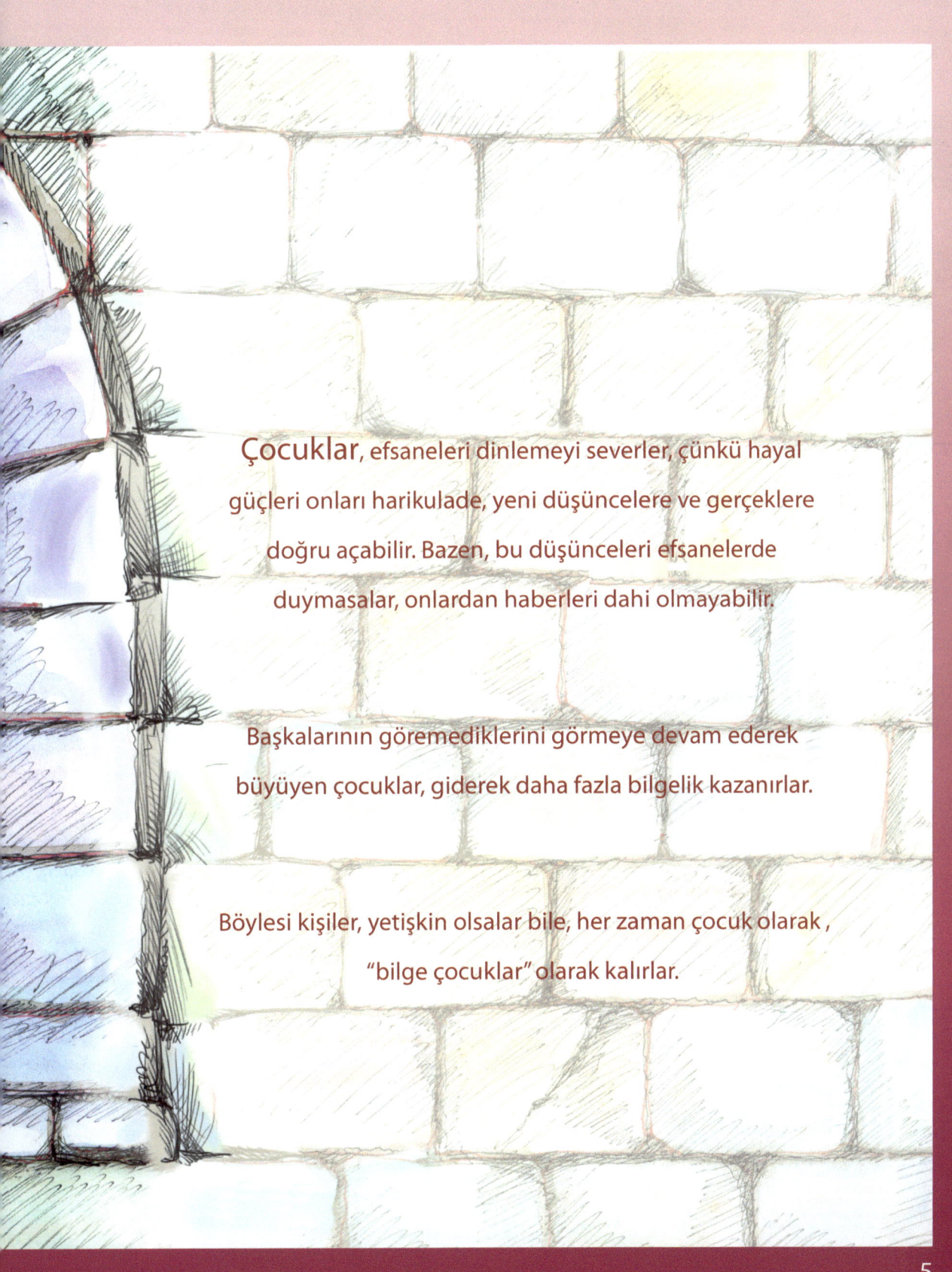

Çocuklar, efsaneleri dinlemeyi severler, çünkü hayal güçleri onları harikulade, yeni düşüncelere ve gerçeklere doğru açabilir. Bazen, bu düşünceleri efsanelerde duymasalar, onlardan haberleri dahi olmayabilir.

Başkalarının göremediklerini görmeye devam ederek büyüyen çocuklar, giderek daha fazla bilgelik kazanırlar.

Böylesi kişiler, yetişkin olsalar bile, her zaman çocuk olarak , "bilge çocuklar" olarak kalırlar.

Zohar Kitabı'nın bizlere öğrettiği budur.

Bir zamanlar, şefkatli, cömert ve iyi kalpli, yüce bir sihirbaz varmış.

Fakat bu sihirbaz, çocuk masallarındaki diğer tüm iyi sihirbazlardan farklı olarak, o kadar şefkatliymiş ki, iyiliğini paylaşacağı birisinin özlemini çekiyormuş…

Seveceği veya özen göstereceği hiç kimsesi yokmuş; beraber oynayacağı, beraber olacağı ya da hakkında düşüneceği hiç kimse.

Üstelik onu tanıyacak ve ona özen gösterecek birini de özlüyormuş…

…çünkü yalnız olmak çok üzücüdür.

…

Peki, sihirbaz ne yaptı?

Kendi kendine düşündü: "Biliyorum! Minik ama çok güzel bir çakıl taşı yapacağım.

yalnız olmak çok üzücü."

Sihirbaz, sihirli değneğini salladı ve

Onu şefkatle tutacağım, okşayacağım ve her zaman yanımda olduğunu hissedeceğim. Böylece, çakıl taşı ve ben birlikte olacağız, çünkü…

yalnız olmak çok üzücüdür.".

Sihirbaz, pürüzsüz küçük çakıl taşını okşadı ve onu ılık avcunda, sevgiyle sardı. Ona sevgiyle konuştu, fakat taş cevap vermedi. Sihirbazın elinde, öylece hareketsiz ve sessiz durdu.

En kötüsü de, sihirbazın sevgisine karşılık vermedi.

Sihirbaz, çakıl taşına ne yaparsa yapsın, taş onunla dost olmuyordu, ne de herhangi bir tepki gösteriyordu.

"İyi kalpli bir sihirbaza böyle mi davranılır? Nasıl oluyor da bu sevimli görünen çakıl taşı cevap vermiyor? Acaba bir sorunu mu var? Daha fazla mı çakıl taşı yapmalıyım? Acaba onlar daha dostça davranıp, dostluğuma karşılık verirler mi?" diye düşündü sihirbaz.

Böylece sihirbaz, daha fazla çakıl taşı, sonra da daha büyük taşlar yaptı:
kayalar, tepeler, dağlar, Dünya ve hatta tüm evren.

Fakat hepsi ilk çakıl taşına benziyordu: hareket etmiyorlar, konuşmuyorlar ve tek bir tepki bile vermiyorlardı.

Sihirbaz, bir kez daha, yalnız olmanın ne kadar üzücü olduğunu hissetti.

Üzüntü içinde düşündü, "Belki onların yerine bir bitki mi yapmalıyım?

Evet, çok güzel bir çiçek! Onu sulayacağım, ona bolca taze hava vereceğim, ılık güneş ışınlarını

İyi kalpli sihirbaz, sihirli değneğini tekrar salladı ve

üzerine yollayacağım ve ona hoş bir müzik çalacağım.

Bitki çok mutlu olacak ve sonra ikimiz de mutlu olacağız çünkü…

yalnız olmak çok üzücüdür."

güzel küçük bir çiçek, tam sandalyesinin yanında belirdi. Gül gibi kırmızı taç yapraklarıyla ve uzun, zarif gövde yapraklarıyla çiçek, tıpkı hayal ettiği gibi görünüyordu.

Sihirbaz, o kadar heyecanlanmıştı ki, çiçeğin etrafında hoplayıp zıplamaya başladı ve bildiği en neşeli şarkıları söyledi. Fakat bitki onunla dans etmiyordu, şarkı da söylemiyordu. Tek yaptığı, sihirbaz onu suladığında büyümek, sulamadığında büzülerek kurumaktı.

Bu durum, dostu çiçeğe kalbini ve ruhunu vermek isteyen, o kadar iyi yürekli sihirbaz için hiç de yeterli değildi.

Sihirbaz tekrar düşündü, "İyi kalpli bir sihirbaza böyle mi davranılır? Nasıl oluyor da bu güzel küçük çiçek cevap vermiyor? Daha fazla mı çiçek yapmalıyım? Acaba onlar dostluğuma karşılık verirler mi?"

Böylece, sihirbaz tüm bitki türlerini yaptı: kırmızı, sarı ve mavi çiçeklerle halı gibi kaplanmış çayırlar, korular ve ormanlar, geniş savanalar ve çok sık ağaçlı vahşi ormanlar.

Fakat ne tür bitki yaparsa yapsın, hepsi tıpkı ilk çiçek gibi davrandı.

Bir kez daha, iyi kalpli sihirbaz yalnız ve üzgündü.

Bu durumun, özel bir hareket gerektirdiğini fark eden sihirbaz, sihirli düşünme kayasının üzerine oturdu.

Düşündü, düşündü ve biraz daha düşündü,

aklına harika bir fikir gelene kadar: "Biliyorum," dedi yüksek sesle, "Bir hayvan yapacağım!

Fakat… ne cins bir hayvan?

Belki bir **köpek?**

Evet, bir köpek!

Her zaman benimle olacak, sevimli küçük bir köpek yavrusu yapacağım. Onu yürüyüşlere çıkaracağım, onunla oynayacağım ve şatoma geri döndüğümde, köpek beni karşılamak için neşeyle zıplayacak ve kuyruğunu sallayacak."

"Evet!" diye sihirbaz kendi kendine gülümsedi. "Köpek ve ben birlikte çok mutlu olacağız…

Sihirbaz, umutla sihirli değneğini salladı ve

ŞAK!

çünkü yalnız olmak çok üzücüdür."

sevimli küçük bir köpek yavrusu, tıpkı hayal ettiği gibi, ellerinde duruyordu.

İyi kalpli sihirbaz çok sevinmişti; köpeği besledi, kucakladı ve yumuşak, kıvırcık tüylerini okşadı. Onu yürüyüşlere götürdü. Ona köpük banyoları bile yaptırdı. Tabii ki köpek yavrusu, o zamana kadar en çok şımartılan yavru olmuştu.

Fakat bir süre sonra, sihirbaz fark etti ki, bir köpeğin sevgisi, onun istediği türden bir sevgi değildi. Köpek, sadece sahibinin yanında oturmak ve ona itaat etmek ister.

O kadar neşeyle oynayan ve sihirbazı gittiği her yere takip eden bu sevimli küçük köpek yavrusu bile, sihirbazın ona vermek istediği tüm iyi kalpliliğe karşılık veremiyordu. Bunu gören sihirbaz, çok üzüldü.

Bir köpeğin, tam onun aradığı türden bir dost olamayacağını fark etti.

Sihirbazın onun için yaptığı şeyleri, ona nasıl özen gösterdiğini ve onun için hazırladığı yemek ve oyunlarla nasıl uğraştığını, köpek anlayamıyordu.

Tüm bunları takdir edemiyordu. Sihirbazın gerçekten ihtiyacını duyduğu şey ise, onun şefkatini ve iyi kalbini takdir edecek bir dosttu.

Sihirbaz, çakıl taşı ve çiçekle olduğu gibi, birçok başka tür hayvan yaptı: böcekler, balıklar, yılanlar, maymunlar, kuşlar ve ayılar. Yine de, tek bir hayvan bile onu anlayamadı ve onun aradığı dost olamadı.

Sihirbaz, yine üzgündü ve çok yalnızdı.

Bir kez daha, ne yapacağını belirlemek üzere düşünme kayasına döndü.

Düşündü, düşündü ve gerçekten zorlayarak düşündü.

Bu sefer aklına, tamamıyla çözümlenmiş, bütün bir plan gelmişti: sihirbazın onu aradığı kadar sihirbazı arayacak ve sihirbazın onu bulmak istediği kadar sihirbazı bulmak isteyecek biri, gerçek dost olmalıydı.

Bunu fark eden sihirbaz, biraz daha düşündükten sonra, kendi kendine dedi ki: "Dost, bana benzeyen, benim yaptığımı yapan ve benim sevdiğim gibi seven biri olmalı. Beni ancak bu şekilde gerçekten anlayabilir.

Fakat, bana benzemesi için, ona ne verdiğimi anlaması ve takdir etmesi gerekecek. Böylece, sevgime karşılık verebilir ve onun için yapacağım şeyleri, benim için yapabilir. Sonra, ikimiz de mutlu oluruz."

Üç gün, üç gece, sihirbaz sihirli kayasının üzerinde oturdu ve bir sonraki yaratımı hakkında düşündü.

Sonunda, çok zekice bir fikir buldu!
"Neden bir insan yaratmıyorum? Evet, ne muhteşem bir fikir! O, benim gerçek dostum olabilir! Tıpkı bana benzeyebilir!

Eğer onu tam olarak doğru yaparsam, benim sevdiğim şeyi sevecek ve ona vereceğim şeyi takdir edecek. Sadece, bir parça yardıma ihtiyacı olacak ve sonra çok mutlu olacağız çünkü asla yalnız kalmayacağız."

Fakat sihirbaz biliyordu ki, mutlu olmak için, dostunun öncelikle, yalnız ve dostsuz kalmanın neye benzediğini hissetmesi gerekiyordu. Aslında, sihirbazın dostluğunun olmaması neye benziyordu; onu hissetmeliydi.

W Sihirbaz, kalbinde yeni bir umutla, sihirli değneğini dördüncü ve son kez salladı ve

ŞAK!

Fakat bu sefer, iki şey oldu: insan yaratılmıştı, ama çok uzak bir yerde yaratılmıştı. O yer, o kadar uzaktaydı ki, insanın sihirbazdan haberi bile yoktu.

Dağları, yıldızları, ağaçları, çiçekleri, balıkları ve hayvanları görüyordu, ama onları yaratanın, sihirbaz olduğunu bilmiyordu. Sihirbaz diye birinin olduğunu bile bilmiyordu!

Fakat sihirbaz orada durmadı. Yeni dostu insan kendi kendine eğlensin diye, bilgisayar, futbol, basketbol ve türlü oyunlar yaptı. Ancak tüm bu süre içinde, sihirbaz hâlâ yalnız ve çok üzgündü çünkü dostunun ondan haberi yoktu.

İnsan, onu yaratan, onu seven ve onu bekleyen bir sihirbazın olduğunu bilmiyordu. Sihirbazın, "Gel, katıl bana, birlikte mutlu olabiliriz, çünkü yalnız olmak gerçekten çok üzücüdür," diye fısıldadığını da bilmiyordu.

Fakat sihirbazdan haberi olmayan ve bilgisayarı, futbolu ve yapacak her türlü eğlenceli şeyi olan biri, nasıl birdenbire sihirbazı bulmak isteyebilirdi? Hatta nasıl olur da böyle biri, sihirbazı tanımak ve sevmek isteyebilirdi? Böyle biri, sihirbazın gerçek dostu olup, ona diyebilir miydi,

"Gel, benim iyi kalpli sihirbazım, hadi birlikte ve mutlu olalım, çünkü yalnız olmanın ne kadar üzücü olduğunu biliyorum,"?

İnsan, sadece etrafında gördüğünü biliyordu. Başkalarının sahip olduğu şeylere sahip olmak, başkalarının yaptığı şeyleri yapmak ve başkalarının konuştuğu şeyler hakkında konuşmak istiyordu. Orada bir yerlerde, yalnız olduğu için üzülen, iyi kalpli bir sihirbazın olduğunu bilmiyordu.

Tabii ki, bizim sihirbazımız akıllı bir sihirbazdır; aklında bir plan vardı. Aslında, bu plan öteden beri aklındaydı. Sadece, onu gerçekleştirmek için doğru zamanı bekliyordu.

Ve güneşli bir gün, doğru zaman geldi: sihirbaz dostundan çok uzakta durdu ve tam dostunun kalbine doğru çok usulca fısıldadı: ŞAK!

Sihirli değneğiyle onun kalbine dokundu, ŞAK! Ve bir kez daha…

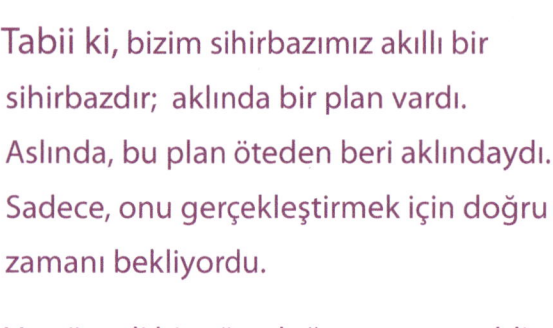

Bir ses, insanın kalbinde sesleniyordu.

Sihirbaz sihirli değneğiyle bir kez daha "Şak"ladığında, insan düşünmeye başlamıştı,

"Hah, işte bir sihirbaz!

Hımmm… çok ilginç, neye benzediğini merak ediyorum."

Birdenbire insan, belki hayatım bir sihirbaz olmadan o kadar da eğlenceli değildi diye düşünmeye başladı. Aslında, sihirbazla birlikte çok daha mutlu olacaktı.

Derken, sihirbaz tekrar "Şak"ladı
ve insan birdenbire, çok uzaklarda bir yerlerde, bir diyar olduğunu hissetti. İşte o diyarda, hazinelerle dolu bir kule vardı. O kulede, bilge ve şefkatli bir sihirbaz oturuyor, sadece insanın gelmesini bekliyordu. "Merhaba, dost, seni bekliyorum; birlikte mutlu olacağız, yalnızken ise üzgün," diye fısıldıyordu."

Fakat insan, içinde kule olan bu diyarı nerede

bulacağını bilmiyordu. Onu hangi tarafta arayacağını bile bilmiyordu.

İnsan, üzüntü ve şaşkınlık içinde düşündü,

"Sihirbazla nasıl tanışırım?"

Ve bu süre içinde, sihirli değneğin o yumuşak dokunuşu, kalbine hafifçe vuruyordu:

ŞAK! ŞAK!

budur. Yalnız olmak sizi çok üzebilir.

İnsanın sihirbaz kadar bilge, onun kadar güçlü ve iyi kalpli olması için, sihirbazın,

Uyuyamıyor, yemek yiyemiyor ve zihninde o yüksek kuleyi hayal etmeden duramıyordu. Bir şeyi gerçekten zorla aradığınız fakat bulamadığınız zaman olan şey

kendi yapabildiği harikaları, nasıl yapacağını insana öğretmesi gerekiyordu.

Fakat bunun için bir "Şak!" yeterli değildi. Bu, insanın kendi başına yapması gereken bir şeydi.

Sihirbaz, insana yardım etmek için, onu yavaşça ve gizlice, Zohar Kitabı diye bilinen, eski sihirli kitaba yöneltti.

Bu kitap insana, o uzak diyardaki yüksek kuleye giden yolu öğretti.

İnsan, kitaptaki talimatları takip ederek, dostu sihirbazla tanışmak üzere alelacele ona koştu. "Merhaba! Seninle olmaya geldim; Birlikte mutlu olacağımızı biliyorum," demek istiyordu sihirbaza."

Fakat insan kuleye vardığında, kulenin tüm çevresinde, korku saçan muhafızların kuşattığı, yüksek bir duvar olduğunu keşfetti. Kuleye yaklaşmaya çalıştığında, her seferinde muhafızlar onu uzağa ittiler. Bırakın sihirbazla birlikte olmayı, onunla tanışmasına bile izin vermiyorlardı.

İnsan daha fazla ısrar ettikçe, muhafızlar daha şiddetli ve sert olmuşlardı.

Hiç merhametleri yoktu.

İnsan, ümitsizlik içindeydi. Sevgili dostu sihirbaz, kulede saklanıyordu, kapılar kilitliydi, duvar yüksekti ve alçak muhafızlar onu devamlı uzağa itiyorlardı. Kimse kuleye giremiyor ve kimse kuleden ayrılamıyordu.

İnsan düşündü, "Ne yapacağım?

Eğer birlikte olamazsak, sonrasında nasıl mutlu olacağız?"

Fakat vazgeçmek üzere olduğunda, her seferinde kalbinde hafif bir ŞAK hissediyordu.

Böylece, tekrar umutlanıyor, muhafızları ve koca duvarı geçecek bir yol arıyordu.

Eğer güçsüzleşip, kalbinde hiç "Şak!" kalmazsa da, ağlayarak sihirbaza sesleniyordu, "Niye beni boş yere çağırıyorsun? **Neredesin? Yalnız olduğumu göremiyor musun?"**

Ancak, eğer bir kişi sabırlıysa ve onu engelleyen muhafızlara dayanırsa, daha güçlü, daha cesur ve daha bilge olur. Giderek güçsüzleşmek yerine, sadece bir sihirbazın yapabileceği gibi, kendi sihrini, kendi harikalarını yapmayı öğrenir. İşte, insanın yaptığı da buydu.

Sonunda, bütün bu olanlardan sonra, insanın dostu sihirbazla olmaktan daha çok istediği hiçbir şey kalmamıştı. Artık tek isteği, dostunu görmekti, çünkü hâlâ yalnızdı.

Tam, fazladan tek bir dakika bile yalnız olmaya dayanamayacağını hissettiği anda, kulenin kapıları birdenbire açıldı. İyi kalpli ve şefkatli dostu, yüce sihirbaz, onu karşılamaya geldi ve dedi ki, "Gel, birlikte olalım, çünkü yalnız olmak çok üzücüdür."

İşte o günden beri, sonsuza kadar birlikte, dostların en iyisi oldular. Dostluklarının sevincinden daha büyük bir sevinç yoktur.

Sevgilerinin harikalığı sonsuzdur; sonsuza kadar, daima yaşar. Artık birlikte olmaktan o kadar mutludurlar ki, yalnız olmanın nasıl üzücü olduğunu, ara sıra bile olsa, hatırlamazlar.

Yani, eğer bir gün siz de kalbinizin derinlerinde, hafif bir "Şak!" hissederseniz, bilin ki şefkatli ve bilge bir sihirbaz size sesleniyor, çünkü sizin dostunuz olmak istiyor.

Ne de olsa, yalnız olmak çok üzücü olabilir.

SON!

E-mail: turkish@kabbalah.info

Web site: www.kabala.info.tr

www.ingramcontent.com/pod-product-compliance
Lightning Source LLC
Chambersburg PA
CBHW042249100526
44587CB00002B/76